Fiche **philosophe**

Par Natacha Cerf

Condillac

LePetitPhilosophe.fr

CONDILLAC

PHILOSOPHE SENSUALISTE FRANÇAIS

- **Né en 1714 à Grenoble**
- **Décédé en 1780 à Lailly-en-Val**
- **Quelques-unes de ses œuvres :**
  - *Essai sur l'origine des connaissances humaines* (1746)
  - *Traité des sensations* (1754)
  - *Traité des animaux* (1755)

Issu d'une famille de magistrats qui le destine à la religion, Étienne Bonnot de Condillac abandonne pourtant très vite la prêtrise pour consacrer son existence à la philosophie : il fréquente alors **Diderot et les encyclopédistes**, et s'attache principalement à l'**étude du rationalisme de Descartes et de l'empirisme de Locke.** C'est contre le premier et dans la lignée du second qu'il élabore sa **théorie du sensualisme**. Celle-ci postule que toutes nos idées proviennent des sensations dont dépend l'activité de notre entendement.

Condillac, à la fois philosophe, écrivain, académicien et économiste, est un éminent représentant de l'empirisme en France. Son influence fut considérable.

BIOGRAPHIE

UNE EXISTENCE DESTINÉE À LA RELIGION

Étienne Bonnot de Condillac **nait en 1714** à Grenoble, dans une **famille de juristes** anoblie depuis peu. Il est le frère cadet du grand prévôt de Lyon, Jean Bonnot de Mably (1696-1761), et de l'écrivain politique, philosophe et abbé Gabriel Bonnot de Mably (1709-1785).

Il se rend à Paris avec ce dernier, déjà connu du monde des lettres, et **entre dans les ordres en 1733** au séminaire de Saint-Sulpice. Cependant, il y fait de **médiocres études** : Condillac, tout comme son frère, est plus intéressé par la philosophie et les mathématiques que par la théologie.

Il est malgré tout **ordonné prêtre en 1740** et reçoit l'abbaye de Mureaux. Ainsi, il devient abbé de Mureaux, avant de finalement renoncer au sacerdoce **pour se consacrer à la réflexion et à la philosophie**.

L'ATTRAIT DE LA PHILOSOPHIE

Dès lors, il entre dans le monde et mène une **existence faite de mondanités** : il fréquente le salon de la baronne et femme de lettres Claudine Guérin de Tencin (1682-1749), où il rencontre les écrivains et philosophes Voltaire (1694-1778), Jean-Jacques Rousseau (1712-1778) ou encore Denis Diderot (1713-1784).

L'étude des métaphysiciens modernes tels que John Locke

(1632-1704) le mène à la publication, en **1746**, de son *Essai sur l'origine des connaissances humaines* et, en **1749**, du *Traité des systèmes*. Ces ouvrages se démarquent par la nouveauté des idées qu'ils défendent et par la clarté de leur style.

Dans les **années 1750**, Condillac **côtoie les encyclopédistes** (les auteurs de l'*Encyclopédie*), entres autres Claude-Adrien Helvétius (1715-1771), Jean le Rond D'Alembert (1717-1783) et Paul Henri Thiry d'Holbach (1723-1789), mais il **ne renonce pas pour autant au spiritualisme** et à ses convictions religieuses. Jamais son amitié avec les philosophes des Lumières ne portera préjudice à sa carrière car il saura se montrer prudent.

BON À SAVOIR

L'***Encyclopédie*** ou *Dictionnaire raisonné des sciences, des arts et des métiers* est un ouvrage collectif rédigé par quelques 150 savants et philosophes et dirigé par Diderot, qui y consacre la moitié de son existence. À visée pédagogique, l'*Encyclopédie* se veut le répertoire de toutes les connaissances, à la fois théoriques et pratiques, de l'époque, dans le but de diffuser le savoir auprès du plus grand nombre. L'œuvre véhicule une nouvelle vision de l'humanité : elle défend la raison, l'action, le progrès et la liberté. Le premier volume parait en 1751 et les derniers sont publiés en 1772.

LA RECONNAISSANCE

Il publie le ***Traité des sensations*** en **1754** et le ***Traité des animaux*** en **1755**. Sa doctrine du sensualisme ayant attiré l'attention des grands esprits de l'époque, Condillac est nommé **membre de l'Académie royale de Berlin**.

En **1757**, désigné par Louis XV (1710-1774) comme précepteur de l'enfant du duc Philippe Ier de Parme (1720-1765), il est **envoyé en Italie**. Condillac compose pour son élève un ***Cours d'études***, qu'il publiera entre 1768 et 1775. Onze ans plus tard, il quitte l'Italie et revient en France, décidé cependant à quitter la vie mondaine.

Condillac est **élu à l'Académie française en 1768**. Il publie encore *Le Commerce et le Gouvernement considérés relativement l'un à l'autre* (1776), un ouvrage d'économie, et *Logique* (1780), demandé par le prince Potocki pour les écoles de Lituanie.

En 1780, il se retire dans sa propriété, le château de Flux, à proximité de Beaugency, et y meurt. Ses *Œuvres complètes* sont publiées en 1798 à titre posthume grâce au philosophe Pierre Laromiguière (1756-1837).

CONTEXTE PHILOSOPHIQUE

L'EMPIRISME ANGLAIS

Condillac fut plus particulièrement influencé par les empiristes anglais qu'il a étudiés avec beaucoup d'intérêt et dont il tire son inspiration.

Ceux-ci se caractérisent avant tout par leur **rejet du rationalisme de René Descartes** (1596-1650) : ce dernier accorde à la raison la faculté de connaitre l'essence de la substance pensante (l'idée de l'esprit) et de la substance étendue (l'idée de la matière), indépendamment de l'expérience.

Les empiristes estiment au contraire que **nos idées, nos pensées et nos connaissances sont issues de l'expérience** et n'existent pas sans elle. Il n'y a ni intuition intellectuelle ni idées innées. L'expérience est donc d'abord toujours une expérience du particulier puisque le général ne peut être embrassé d'un coup : il est issu d'un processus d'abstraction qui fait qu'au fur et à mesure d'expériences similaires laissant une trace dans la mémoire, il devient possible d'élaborer des idées générales.

Thomas Hobbes

Le philosophe matérialiste et empiriste Thomas Hobbes (1588-1679), considéré comme le prédécesseur du sensualisme défendu par Condillac, **ne reconnait que l'expérience sensorielle pour parvenir à la connaissance du réel**. Par ailleurs, sa vision du monde est intégralement mécaniste : selon lui, **seuls la matière et le mouvement expliquent**

la nature, et il faut dégager de ces deux principes les lois mécaniques qui expliquent les phénomènes naturels et l'ordre du monde. La nature est alors perçue comme une gigantesque machine.

Plus encore, aux yeux de Hobbes, la substance spirituelle n'a pas d'existence et l'évidence même du cogito, c'est-à-dire du sujet pensant, est douteuse. Certes, l'activité de penser existe, mais on ne peut pas pour autant en déduire l'être d'une substance spirituelle. La pensée n'est selon lui que l'activité particulière d'un corps. Par conséquent, elle n'est qu'un épiphénomène de la matière.

John Locke

Quant à John Locke (1632-1704), il estime également que nous ne connaissons rien si ce n'est par l'expérience. Cependant, **il distingue** :

- **l'expérience externe**, soit les sensations ;
- **l'expérience interne**, soit la réflexion, c'est-à-dire l'expérience que fait l'esprit de ses propres états intérieurs tels que la tristesse ou la joie et l'expérience qu'il fait de son activité créatrice de jugements, de représentations ou d'associations d'idées.

Locke réduit la notion de substance à quelque chose d'indéterminé et d'inconnaissable en soi, car **nous n'avons aucun accès direct à la substance des choses** : nous n'appréhendons les objets qui nous entourent que par nos perceptions sensibles, dont nous postulons qu'elles concernent des objets extérieurs à nous, ce dont nous n'avons cependant pas la certitude. Ainsi, l'esprit n'est qu'une feuille blanche sur laquelle les expériences sensibles, c'est-à-dire les perceptions, viennent s'imprimer. En somme, la science empiriste de Locke est un savoir des apparences. Néanmoins, ce savoir est selon le philosophe fiable et légitime. Il ne peut simplement pas expliquer la réalité profonde des choses.

Condillac défend quant à lui un sensualisme radical qui va au-delà de la position de Locke. En effet, si ce dernier réfute l'innéisme des idées (le fait que les idées soient innées), il envisage toutefois l'existence de facultés mentales innées telles que l'entendement, la mémoire ou la volonté. Au contraire, pour Condillac, l'esprit dans son entièreté est issu des sensations.

George Berkeley

George Berkeley (1685-1753) défend pour sa part une position extrême : il n'existe pas de réalité substantielle extérieure continuant d'exister lorsque nous ne la percevons pas. **Les choses n'existent que lorsqu'elles sont perçues par un sujet**. Autrement dit, seules les perceptions existent et le sujet ne peut accorder d'existence qu'à ses perceptions au moment où il les a. Cette théorie nie l'existence de toute substance matérielle indépendante du sujet qui perçoit. C'est pourquoi on parle d'« **immatérialisme** » : ce que nous nommons le monde matériel est un ensemble constant de perceptions que Dieu nous impose indépendamment de notre volonté.

L'ENTREPRISE DES LUMIÈRES

Sous l'impulsion des **grands progrès scientifiques** qui ont marqué le siècle précédent (notamment les découvertes de Galilée et de Newton) et du **rationalisme cartésien**, le XVIIIe siècle assiste à **l'émergence des Lumières, qui imposent définitivement le règne de la raison**. Il s'agit d'un vaste mouvement philosophique et culturel qui se développe dans toute l'Europe, plus particulièrement en France, en Angleterre et en Allemagne.

La pensée des Lumières se caractérise avant tout par la **volonté de comprendre le monde grâce à la lumière de la raison**. Il s'agit dès lors, pour les savants et les philosophes de l'époque, d'éclairer les hommes dans tous les domaines de la connaissance, que ce soit la religion, la politique, l'éducation, la science, etc., afin de combattre l'irrationnel, l'arbitraire, l'obscurantisme et la superstition des siècles passés. Aussi les Lumières se caractérisent-elles par :

- une lutte contre les oppressions religieuses et politiques ;
- une dénonciation des injustices et de l'intolérance ;
- la défense de nouveaux idéaux tels que la liberté, le bonheur individuel et le progrès de l'humanité, qui auront une influence considérable sur les grands évènements de la fin du XVIIIe siècle tels que la Révolution française.

L'époque, marquée par un grand bouillonnement d'idées, est à la critique, à l'échange et à la diffusion. On constate une confiance nouvelle en la capacité de l'homme à améliorer sa condition grâce au savoir. C'est à cette fin qu'est mise en place l'entreprise de l'*Encyclopédie*.

LE SENSUALISME

Dans le *Traité des sensations*, Condillac explique sa conception selon laquelle **l'ensemble de nos connaissances, de nos sentiments et de nos facultés a pour origine les sensations**. Ainsi, non seulement nos idées et nos passions sont issues des sensations, mais également nos facultés telles que le jugement ou la réflexion. En somme, toutes les opérations de l'âme dérivent des sensations. C'est pourquoi sa théorie est qualifiée de « sensualiste » (du latin *sensualis*, « relatif aux sens »).

Pour démontrer sa thèse, Condillac imagine une statue de constitution humaine et dotée d'une âme pure, à savoir une statue dans laquelle n'a jamais pénétré aucune sensation ni aucune perception, une statue dont l'esprit est encore vierge de toute idée. L'éveil progressif des différents sens de la statue débute par l'odorat, car Condillac considère ce sens comme celui contribuant le moins à la connaissance. La statue en l'état est alors représentative de la classe des êtres dont les connaissances sont les moins étendues. Ainsi, puisque nos idées et nos facultés proviennent des sensations, l'entièreté de la statue est réduite aux odeurs singulières qu'elle sent : lorsqu'elle sent l'odeur de rose, elle n'est qu'odeur de rose, c'est-à-dire que son être est l'odeur de rose.

De la sensation au désir et à la répulsion

La perception des odeurs par la statue s'accompagne nécessairement du plaisir ou de la douleur : ceux-ci sont les principes directeurs qui gouvernent toutes les opérations de l'esprit de la statue (<u>citation 1</u>). En effet, **les sensations sont toutes nécessairement agréables ou désagréables**. Dès l'instant où la statue porte son attention sur l'impression que fait l'odeur sur elle via son sens de l'odorat, elle commence à jouir et à souffrir :

- la capacité de se sentir toute entière à une odeur agréable est jouissance ;
- celle de se sentir toute entière à une odeur désagréable est souffrance. À ce stade, elle ne peut encore que se sentir bien ou mal en fonction du type d'odeur.

Selon Condillac :

- **la jouissance provoque le désir**, c'est-à-dire engendre l'action de chercher les sensations agréables ;
- **la souffrance provoque la répulsion**, c'est-à-dire engendre l'action de fuir les sensations désagréables.

Cette capacité de désirer ou de repousser survient à partir du moment où la statue acquiert des habitudes via la mémoire : lorsque la statue sent à plusieurs reprises les mêmes odeurs, celles-ci deviennent des habitudes et s'impriment dans sa mémoire en tant qu'idées. Dès lors, ayant acquis la mémoire des sensations passées, elle a la possibilité de les comparer entre elles, donc de désirer une odeur passée dont elle a le souvenir plutôt qu'une odeur présente qui lui déplait.

En somme, **la statue ne commence à désirer et à rejeter**

les sensations que lorsqu'elle a formé, au départ de ces sensations, des idées en elle sur ces sensations. Le désir suppose que la statue a l'idée (née du souvenir formé par l'habitude de sentir une même odeur) de quelque chose de mieux que ce qu'elle a dans le moment présent et qu'elle juge la différence des deux états qui se succèdent :

- s'ils diffèrent peu, elle ne ressent qu'un léger malaise et son désir est faible ;
- si, au contraire, la différence est considérable, elle ressent de l'inquiétude et son désir est grand et plus vif. La mesure du désir est donc dans la différence entre les deux états.

De la sensation au jugement

L'attention que la statue a donné à une odeur fait qu'elle ne lui échappe pas immédiatement : l'odeur persiste même lorsqu'elle s'est retirée. Et l'impression qui demeure est plus ou moins forte selon que l'attention a été elle-même plus ou moins vive. Lorsqu'une odeur nouvelle arrive, la statue se souvient par conséquent de l'odeur précédente : la faculté de mémoire est attentive à la sensation passée, tandis que la faculté de l'odorat est attentive à la sensation présente. Il y a donc dans la statue **deux manières de sentir** :

- l'une se rapporte à une **sensation passée**, mais dont l'impression dure encore ;
- l'autre se rapporte à une **sensation présente**.

Ainsi, l'attention donnée en même temps au souvenir de la sensation et à la sensation présente crée la comparaison, donc le jugement. En effet, dès qu'on perçoit un rapport entre deux sensations, c'est-à-dire **dès qu'il y a comparaison entre deux sensations, il y a jugement** (citation 2).

Au fur et à mesure, la statue contracte **l'habitude de comparer et de juger** : lorsqu'elle sent de nouvelles odeurs, elle établit d'emblée et facilement de nouvelles comparaisons et de nouveaux jugements.

De la sensation à la mémoire, à l'imagination et aux besoins

Selon Condillac, **la mémoire est une suite de jugements ou d'idées**. Celles-ci forment une sorte de chaine qui permet de passer d'une idée à une autre et de se rappeler les plus éloignées. Par conséquent, on ne se souvient d'une idée que grâce aux idées intermédiaires qu'on se remémore. D'autre part, **on se rappelle préférablement les idées qui peuvent contribuer à notre bonheur** et on passe plus rapidement sur les autres.

Ainsi, toutes les fois où la statue est mal ou moins bien, elle se rappelle ses sensations agréables passées. Elle les compare alors avec ce qu'elle est et souhaite redevenir ce qu'elle a été : **de là nait la connaissance ou le besoin d'un bien dont elle juge que la jouissance lui est nécessaire**. C'est donc le souvenir des plaisirs qui lui fait connaitre ses besoins (citation 3). Comme nous l'avons vu, le plaisir et la douleur déterminent toujours l'action de ses facultés.

Notons encore que la mémoire prend le nom de « mémoire » lorsqu'elle rappelle les choses comme passées et d'« imagination » lorsqu'elle les rappelle avec tant de force que ces choses sont comme présentes.

De la sensation aux sentiments d'amour, de haine, d'espoir, de crainte et de volonté

Si la statue éprouve très vivement le besoin de quelque chose de mieux que ce qu'elle ressent au présent, il s'agit d'un désir dominant que Condillac appelle une passion. Or, **dès que la statue éprouve jouissance, souffrance, désir, répulsion, besoin et passion, l'amour et la haine sont également en elle** : elle aime les odeurs agréables et hait les odeurs désagréables. Ainsi, aimer est toujours synonyme de jouissance ou de désir tandis qu'haïr est toujours synonyme de souffrance ou de mécontentement. Mais il y a plusieurs degrés dans l'amour ou dans la haine : on peut parler de gout, de penchant, d'inclination, d'éloignement, de répugnance, de dégout, etc., autant de sensations transformées. Il n'en va pour tous ces sentiments que d'une différence de degré.

Quant à l'espoir et à la crainte, ces deux sentiments naissent de la même manière que l'amour et la haine : la statue juge, par habitude d'éprouver des sensations agréables, qu'elle pourra en éprouver encore, donc espère. Inversement, habituée aux sensations désagréables, elle les craint. Autrement dit, **l'amour d'une sensation qui plait engendre l'espoir, tandis que la haine d'une sensation qui déplait engendre la crainte** (citation 4).

Enfin, la statue n'a pas seulement l'espoir de satisfaire ses besoins : étant donné qu'elle y est déjà parvenue par le passé, elle a en réalité l'assurance de réussir. Son expérience passée lui donne confiance. Ainsi, **elle ne se borne plus à désirer ou à espérer : elle veut**. La volonté part donc d'une sensation, à l'instar de tous les sentiments passés en revue par Condillac.

De la sensation aux idées abstraites et aux vérités générales

Étant donné que **la mémoire de la statue conserve les sentiments de contentement et ceux de mécontentement**, elle peut **considérer chacune de ses sensations nouvelles selon ces deux catégories** et apprendre à distinguer les nuances. Lorsqu'elle n'avait que des idées particulières, elle ne pouvait désirer que telle ou telle sensation, par exemple l'odeur de violette ou l'odeur de rose. Mais à partir du moment où elle acquiert les notions abstraites, l'objet de son désir, de son amour ou de son espoir peut être le plaisir en général. Cela devient possible dès qu'elle contracte l'habitude de séparer les idées particulières d'odeurs agréables du sentiment lui-même de contentement. Selon Condillac, l'abstraction consiste par conséquent à séparer deux idées qui semblent pourtant unies par nature.

Par ailleurs, la statue étant capable de s'apercevoir des états par lesquels elle passe (contentement ou mécontentement), elle a en elle **l'idée du nombre**. Cependant, elle ne peut tenir cette idée que de sa mémoire : son odorat lui-même ne peut que lui donner l'idée de l'unité dans la mesure où il ne lui permet pas de distinguer deux odeurs senties à la fois.

Condillac ajoute encore que si la statue a en elle des notions abstraites, on peut en déduire qu'elle possède également

des vérités générales : elle sait par exemple avec certitude que les odeurs diffèrent les unes des autres et que certaines lui plaisent tandis que d'autres lui déplaisent.

De la sensation à la durée

Enfin, **la statue se représente forcément la durée puisqu'elle discerne en elle les diverses odeurs, ce qui implique une idée de succession de l'une à l'autre**. Autrement dit, elle sent forcément qu'elle cesse d'être l'odeur qu'elle était pour en devenir une autre et elle se représente ce changement comme une durée de deux instants.

Le passage d'une odeur à une autre lui donne également **l'idée du passé**. Quant à **l'idée de l'avenir**, elle ne peut lui venir que si la même suite de sensations s'est répétée à plusieurs reprises : l'habitude lui fait alors anticiper l'odeur qui va arriver après telle odeur. Ainsi, si les odeurs de jonquille, de rose et de violette sont constamment liées, la statue sera apte à déduire qu'après la rose vient la violette.

La sensation au fondement de nos facultés et de nos connaissances

La statue bornée au seul sens de l'odorat est donc capable de : désirer ou repousser, porter son attention sur une odeur, comparer, juger, se souvenir, imaginer, éprouver des besoins, ressentir des sentiments, faire preuve de volonté, avoir des notions abstraites, connaitre des vérités générales ou encore se représenter la durée. Il faut en conclure qu'**avec un seul sens, l'entendement a autant de facultés qu'avec les cinq sens réunis**. Le philosophe note que si nous mélangeons deux ou trois sens, la statue n'aura pas davantage de facultés, mais son existence sera multipliée : la réunion des sens étendra et variera la chaine de ses idées, le nombre de ses habitudes et de ses désirs.

Toutes ces facultés sont issues de la sensation elle-même (citation 5). Autrement dit, la sensation est à l'origine de toutes les facultés de l'âme, tout d'abord de l'attention et du désir, qui engendrent à leur tour les autres facultés :

- comparer, juger, se souvenir, imaginer, éprouver des besoins, avoir des notions abstraites, connaitre des vérités générales et se représenter la durée ne sont que différentes manières d'être attentif ;
- aimer, haïr, espérer, craindre, vouloir et avoir des passions ne sont que différentes manières de désirer.

La même démonstration aurait pu être faite à partir de n'importe quel autre sens isolé. En somme, Condillac affirme que tout est issu des sensations, que la manière de les ressentir varie considérablement d'un homme à l'autre et que ce dernier n'est rien en dehors de ce qu'il a acquis par ses sens. Dès lors, il n'y a ni facultés ni idées innées : **nos compétences et nos connaissances ne sont que des habitudes issues de la répétition des sensations**.

LES SENS ET L'EXTÉRIORITÉ

L'incapacité des sens à entrer en contact avec l'extérieur

L'expérience de la statue permet à Condillac de compléter

sa thèse selon laquelle **il est impossible d'acquérir des connaissances en dehors de ses sensations, donc de soi-même**. En effet, **nos sensations ne sont pas les qualités mêmes des objets, elles ne sont que des modifications de notre âme** : sur l'âme pure s'impriment des odeurs, des couleurs, etc., c'est-à-dire des sensations en général, à partir desquelles se développent des idées et autres facultés qui sont également de « l'âme modifiée ».

Ainsi, nous n'apercevons rien qu'en nous-mêmes : autrement dit, **nos sens n'éprouvent rien qu'en eux-mêmes et sont incapables de soupçonner l'extérieur**. Par exemple, un homme borné au sens de l'odorat ou au sens du gout est incapable de sortir de ces sens et ne peut établir de contact avec les objets extérieurs qui les stimulent. Il ne peut que sentir ou que savourer, se révélant incapable de sortir de la saveur ou de l'odeur pour atteindre ce qui sent et ce qui goute. Par conséquent, il croit qu'il est saveur de fraise ou odeur de lilas, qu'il est la sensation elle-même. Il est plus difficile cependant de considérer qu'un homme borné au sens de l'ouïe se prend pour la mélodie qu'il entend, car il a l'impression que le bruit vient de l'extérieur. Néanmoins, il ne peut le comprendre, car le sens de l'ouïe juge difficilement des distances et des situations.

L'exception du toucher

Parmi les cinq sens, **le toucher** fait cependant exception :

- d'une part, il est **apte à découvrir cet espace au dehors de nous ;**
- d'autre part, **il apprend aux autres sens à rapporter**

leurs sensations aux corps qui les suscitent.

Le toucher n'est pas une simple modification de nous-mêmes : tandis qu'une statue qui n'aurait que l'odorat serait l'odeur de ce qu'elle sent, un homme borné au toucher découvrirait son corps et apprendrait qu'il y a quelque chose hors de lui. C'est donc le toucher qui apprend aux autres sens à connaitre l'existence des objets extérieurs : **lorsque les objets prennent forme grâce au toucher, les autres sens répandent leurs sensations sur ces objets et les modifications de l'âme deviennent les qualités des objets extérieurs** (citation 6). Autrement dit, le tact transforme les modifications simples de l'âme, les sensations refermées sur elles-mêmes, en quelque chose d'étendu, qui porte à l'extérieur.

La vue et le problème de Molyneux

Quant à **la vue**, bien que l'homme lui accorde un rôle privilégié dans la connaissance du monde par rapport aux autres sens, **elle-même ne permet pas de voir un espace qui lui est extérieur**. Comme c'est le cas de l'odorat, du gout et de l'ouïe, les yeux se prennent pour ce qu'ils voient tant qu'ils n'ont pas appris à rapporter leurs sensations aux objets grâce au toucher. Ils n'ont, en effet, par eux-mêmes, que connaissance de la lumière et des couleurs.

C'est ce que Condillac démontre via **l'expérience du philosophe et écrivain irlandais William Molyneux (1656-1698)**. Le cas est le suivant : on apprend à un aveugle né à distinguer par le toucher un cube d'un globe du même métal et de la même grosseur. Supposons ensuite que le voyant retrouve la vue. La question suivante se pose alors : parviendra-t-il encore à distinguer le cube du globe ? Autrement dit, saura-t-il reconnaitre par la vue ce dont il a acquis la connaissance par le toucher ?

Molyneux et John Locke en concluent que l'ex-aveugle ne pourrait pas distinguer par la vue le cube du globe alors qu'il y parvenait avec le seul sens du toucher. Condillac se range à leur avis. Cela prouve selon lui que la vue sans le toucher ne peut viser l'extérieur. Cependant, en s'exerçant par le tact, la vue acquiert l'habitude de juger des objets extérieurs et peut ainsi, au bout d'un temps, percevoir l'extériorité sans que l'homme ne doive forcément établir un contact tactile.

LE LANGAGE ET LA FORMATION DES IDÉES

À côté de sa théorie sensualiste, Condillac est l'auteur d'un point de vue original sur la question du langage :

- il ne lui attribue pas comme unique fonction l'expression des idées ;
- il considère en outre que **le langage joue un rôle prépondérant dans la formation même des idées**.

Ainsi, si toutes nos idées dérivent directement des sensations, il n'en demeure pas moins que pour passer d'une idée purement sensible à l'abstraction, c'est-à-dire à la formulation d'idées complexes, il a fallu instituer les signes du langage. Ces derniers sont donc au fondement de la pensée abstraite et de la réflexion.

Cela signifie que **le langage est une institution**, c'est-à-dire une invention purement humaine. Il a été mis au point par les hommes qui, par la vie de groupe, ont constaté le lien existant entre leurs actions et les gestes et les cris dont ils les accompagnaient : afin de faciliter la compréhension mutuelle, ils ont alors établi un langage d'action. Ce dernier a précédé la langue articulée. C'est ensuite un long processus historique qui a fini par donner au langage articulé le statut de moyen privilégié de l'expression et de la communication (citation 7). Condillac, grâce à ces considérations, apparait comme un précurseur de la linguistique saussurienne.

Ainsi, les signes des langues sont des constructions arbitraires, non naturelles. Par conséquent, les rapports qu'ils entretiennent avec les idées sont également arbitraires : ils ne se justifient pas par l'essence même de l'idée ou de l'objet que désigne le signe. Condillac défend par ailleurs une position nominaliste : il considère que les idées abstraites et générales ne sont que des dénominations. Il faut en conclure que **le langage, plus qu'un simple moyen d'expression, est au fondement même de l'organisation du savoir et de la connaissance**.

Selon Condillac, **l'ensemble de nos connaissances et de nos facultés a pour origine les sensations**. Les facultés humaines telles que le jugement ou la réflexion, par exemple, ne sont que des sensations transformées. Il démontre sa thèse en imaginant une statue organisée comme l'être humain, vierge de toute idée et réduite à un seul sens, dans le but d'examiner comment, à partir d'un sens isolé, naissent toutes les facultés humaines.

Le philosophe montre que la statue acquiert d'abord la faculté de **désirer** ou de **repousser**, car toute sensation est nécessairement agréable ou désagréable. Cette capacité survient lorsqu'elle perçoit à plusieurs reprises les mêmes sensations : celles-ci deviennent des habitudes et s'impriment dans sa **mémoire**. La statue devient alors capable de **comparer** et de **juger** des sensations, et elle prend connaissance de ses **besoins**. Ensuite, éprouvant désir, répulsion, besoin et passion, elle ressent nécessairement de l'**amour** et de la **haine**, de l'**espoir** et de la **crainte**. Enfin, conservant dans sa mémoire les sentiments de jouissance et de souffrance, la statue peut considérer chacune de ses sensations nouvelles selon ces deux catégories et devient dès lors capable d'**abstraction**.

Condillac montre ainsi qu'il est impossible d'acquérir des connaissances et des facultés en dehors des sensations, donc de soi-même : nous n'apercevons rien qu'en nous-mêmes. Cela signifie que **nos sens sont incapables de soupçonner le monde extérieur, à l'exception du toucher**.

Le philosophe assoit l'importance de ce sens grâce à l'expérience de Molyneux.

Enfin, Condillac s'est beaucoup intéressé à la question du **langage**, qui joue selon lui un rôle primordial dans la formation des idées. En ce sens, il le considère comme **une institution purement humaine**, construite par les hommes en vue de faciliter la compréhension.

POUR ALLER PLUS LOIN

- BERTRAND (Aliénor), *Le Vocabulaire de Condillac*, Paris, Ellipses, 2002.
- COLLECTIF, Condillac. *L'origine du langage*, Paris, PUF, 2002.
- CONDILLAC (Étienne Bonnot de), *Cours d'étude. Ouvrage composé de 13 volumes, écrits pour le jeune duc Ferdinand de Parme, petit-fils de Louis XV, renfermant Grammaire, Art d'écrire, Art de raisonner, Art de penser, Histoire*, Paris, Adamant Media Corporation, 2002.
- CONDILLAC (Étienne Bonnot de), *Essai sur l'origine des connaissances humaines*, Paris, Alive, 1998.
- CONDILLAC (Étienne Bonnot de), *La Langue des calculs*, Paris, Hachette Livre BNF, 2012.
- CONDILLAC (Étienne Bonnot de), *La Logique ou l'Art de penser. Commande du gouvernement de Pologne pour les écoles palatines*, Paris, Hachette Livre BNF, 2012.
- CONDILLAC (Étienne Bonnot de), *Le Commerce et le Gouvernement considérés relativement l'un à l'autre*, Paris, Ulan Press, 2012.
- CONDILLAC (Étienne Bonnot de), *Traité des animaux. Une critique de l'Histoire naturelle de Buffon de 1749*, Paris, Fayard, 1997.
- CONDILLAC (Étienne Bonnot de), *Traité des sensations*, Paris, Larousse, 1937.
- CONDILLAC (Étienne Bonnot de), *Traité des systèmes*, Paris, Fayard, 1991.

TESTEZ VOS CONNAISSANCES !

ASSOCIEZ CHAQUE CITATION À L'EXPLICATION QUI LUI CORRESPOND

Citation 1 : « [...] le plaisir et la douleur sont l'unique principe, qui, déterminant toutes les opérations de son âme, doit l'élever par degré à toutes les connaissances dont elle est capable. » (*Traité des sensations*, Paris, Larousse, 1937, p. 43)

Citation 2 : « [...] comparer n'est autre chose que donner en même temps son attention à deux idées. Dès qu'il y a comparaison, il y a jugement. » (*Traité des sensations*, Paris, Larousse, 1937, p. 45)

Citation 3 : « Elle [la statue] ne se connaît donc de besoins, que parce qu'elle compare la peine qu'elle souffre avec les plaisirs dont elle a joui. Enlevez-lui le souvenir de ces plaisirs, elle sera mal, sans soupçonner qu'elle ait aucun besoin : car pour sentir le besoin d'une chose, il faut en avoir quelque connaissance. » (*Traité des sensations*, Paris, Larousse, 1937, p. 49)

Citation 4 : « L'habitude où est notre statue d'éprouver des sensations agréables et désagréables, lui fait juger qu'elle en peut éprouver encore. Si ce jugement se joint à l'amour d'une sensation qui plaît, il produit l'espérance ; et s'il se joint à la haine d'une sensation qui déplaît, il forme la crainte. » *(Traité des sensations*, Paris, Larousse, 1937, p. 59)

Citation 5 : « Le jugement, la réflexion, les désirs, les passions, etc., ne sont que la sensation même qui se transforme différemment. C'est pourquoi il nous a paru inutile de supposer que l'âme tient immédiatement de la nature toutes les facultés dont elle est douée. » (*Traité des sensations*, Paris, Larousse, 1937)

Citation 6 : « [La nature] l'a organisée [la statue] pour être mue, pour toucher, et pour avoir, en touchant, une sensation qui lui fait juger qu'il y a, au dehors de son être sentant, des continus formés par la contiguïté d'autres continus, et par conséquent de l'étendue et des corps. » (*Traité des sensations*, Paris, Larousse, 1937, p. 29)

Citation 7 : « Si nous n'avions point de dénominations, nous n'aurions point d'idées abstraites ; si nous n'avions point d'idées abstraites, nous n'aurions ni genres ni espèces ; et si nous n'avions ni genres ni espèces, nous ne pourrions raisonner sur rien. Or, si nous ne raisonnons qu'avec le secours de ces dénominations, c'est une nouvelle preuve que nous ne raisonnons bien ou mal que parce que notre langue est bien ou mal faite. » (*La Logique ou l'Art de penser*, Paris, Hachette Livre BNF, 2012)

Explication a : seul le sens du toucher est apte à apprendre aux autres sens à sortir d'eux-mêmes pour aller au contact des objets extérieurs et découvrir que ce sont ces derniers qui les éveillent et qu'ils ne sont pas que de simples modifications de l'âme. Le toucher rend possible l'étendu.

Explication b : si la statue a des notions abstraites, elle possède également des idées générales.

Explication c : par habitude d'éprouver des sensations, la statue juge qu'elle pourra en éprouver encore : ainsi, l'amour d'une sensation agréable engendre l'espoir tandis que la haine d'une sensation désagréable engendre la crainte.

Explication d : la douleur et le plaisir sont les principes à l'origine de toutes les facultés car aucune sensation n'est totalement indifférente.

Explication e : dès que la statue se souvient, via la mémoire, d'une sensation passée, elle est apte à la comparer avec une sensation présente, et dès qu'il y a comparaison, il y a jugement.

Explication f : l'importance du langage vient du fait qu'il permet la réflexion et la formation d'idées abstraites par l'institution des signes.

Explication g : toutes les facultés de l'âme (la comparaison, le jugement, le fait de désirer, d'éprouver des sentiments, etc.) proviennent de la sensation.

Explication h : les idées innées n'existent pas : l'homme nait vierge de toute connaissance et de toute idée. Il les acquiert au fur et à mesure, au départ des sensations.

Explication i : dès que la statue éprouve jouissance, souffrance, désir, répulsion, besoin et passion, l'amour et la haine sont également en elle.

Explication j : la statue prend conscience de ses besoins à partir du moment où elle se souvient de ses sensations passées et sait parmi elles reconnaitre celles dont elle a besoin pour pallier son mal présent.

Rendez-vous sur lepetitphilosophe.fr et découvrez :

Plus de 1200 analyses
Claires et synthétiques
Téléchargeables en 30 secondes
À imprimer chez soi

www.lepetitphilosophe.fr

ISBN version numérique : 978-2-8062-4932-6
ISBN version papier : 978-2-8080-0145-8
Dépôt légal : D/2017/12603/529

Conception numérique : Primento,
le partenaire numérique des éditeurs.

Made in the USA
Monee, IL
07 July 2026

56545289R00020